AUX ÉLECTEURS

L'ARRONDISSEMENT

VALENCIENNES

VALENCIENNES

Imprimerie de Louis. HENRY, Marché-aux-Poissons, 2.

AUX ÉLECTEURS DE L'ARRONDISSEMENT DE VALENCIENNES.

MES CHERS CONCITOYENS,

Un acte inattendu a, ces jours-ci, troublé profondément l'opinion publique.

Je viens vous en entretenir et vous prendre pour juges.

Il semblait que, le 20 février 1876, la volonté nationale s'était exprimée assez clairement pour être entendue et obéie de tous. Malgré les efforts déjà essayés pour étouffer votre voix, vous avez dit alors que vous vouliez la République, une République sage, modérée, progressive.

Nous nous sommes efforcés, nous, vos élus, de vous la donner et je ne crains pas d'affirmer que, malgré le mauvais vouloir des uns et la mauvaise foi des autres, nous étions en train d'y réussir.

L'action de nos ministres était paraly-

sée à chaque pas par la résistance victo-
rieuse d'une réaction occulte; mais comme
nous les savions dévoués à la République, nous les soutenions avec abnégation.

Ce n'est pas la confiance de la Chambre, c'est celle du Président de la République qui a fait défaut à M. de Marcère
comme à M. Jules Simon.

Dans toutes les circonstances où le ministère a cru devoir poser la question de
gouvernement, nous avons voté comme il
nous l'a demandé.

Nous lui avons fait, lors de la loi des
maires, le sacrifice de nos préférences li-
bérales, et, lors du conflit budgétaire avec
le Sénat, le sacrifice de nos prérogatives.
Pour écarter de la République le soupçon
même d'une connivence quelconque avec
la commune, nous avons repoussé l'am-
nistie. Voilà les faits !

On ne saurait citer un seul acte exces-
sif à reprocher à cette Chambre inique-
ment calomniée.

Vous le savez bien du reste.

Quel est celui d'entre vous qui depuis quinze mois a pu être une seule fois inquiet pour sa propriété, pour ses intérêts de famille, pour la liberté de ses croyances religieuses ?

Aussi le bon sens de la France ne s'y était pas trompé. La sécurité était générale ; les impôts indirects avaient en 1876 produit 153 millions de plus que les prévisions. Tout en favorisant le développement de l'instruction populaire, nous avions pu commencer à supprimer les impôts les plus lourds ; nous allions continuer dans cette voie.

Notre unique préoccupation était de nous maintenir scrupuleusement en dehors de la guerre qui, allumée en Orient, menace toute l'Europe, et de faire réussir avec éclat la grande Exposition industrielle de 1878.

Mais ces perspectives prospères et pacifiques ne faisaient point l'affaire d'une incorrigible faction, infime par le nombre de ses partisans, mais aussi orgueilleuse dans ses vues que tenace dans ses convoitises et perfide dans ses desseins.

Forcée de reculer en 1876 devant le désaveu du suffrage universel, elle n'a pas cessé de rester dans la coulisse, pour tout brouiller, tout entraver, tout calomnier. Elle avait espéré qu'une Chambre jeune ne manquerait pas de commettre des excès ou des imprudences : ces fautes graves qu'on attendait, qu'on désirait pour les exploiter contre nous ne se sont pas produites ; la politique intransigeante n'a point trouvé d'écho dans la majorité républicaine.

Cependant le temps pressait ; c'est cette année même qu'ont lieu les élections des Conseils généraux, des Conseils d'arrondissement, des Conseils municipaux, élections d'où doit sortir dans dix-huit mois le futur Sénat.

C'en était trop ; les hommes du soi-disant ordre moral ont perdu patience, et, sans s'inquiéter ni de leur impopularité, ni de leur impuissance, ni des périls immenses qu'ils pouvaient faire courir au pays, risquant leur va-tout comme des joueurs aux abois, ils ont fait subitement irruption sur la scène.

Vous avez lu et vous avec déjà jugé les motifs mis en avant pour justifier ce coup évidemment prémédité et préparé de longue date.

On prétexte que M. Jules Simon n'a pas su s'opposer à l'adoption d'une loi rendant au jury le jugement des délits de presse et d'une autre loi établissant la publicité des séances des conseils municipaux. Voilà tout ce qu'on a pu trouver !

Il faut, en vérité, être bien dépourvu de griefs sérieux pour en alléguer de semblables.

Comment M. de Broglie peut-il laisser qualifier de théorie dangereuse le jugement des délits de presse par le jury, puisque c'est lui-même, comme rapporteur, qui l'a fait rétablir en 1871 ?

Quant à la publicité des séances des conseils municipaux, on peut en être le partisan ou l'adversaire, mais il n'est point permis de la représenter comme une menace pour l'ordre sans une évidente exagération.

Pour ce qui est du grief consistant à dire que le cabinet présidé par M. Jules Simon n'avait plus la majorité à la Chambre, il ferait grand honneur aux scrupules constitutionnels de M. le Président de la République ; mais comment le concilier avec ce fait que la chûte de M. Jules Simon, contre lequel jamais un seul vote de défiance n'était intervenu, a provoqué immédiatement un ordre du jour de regret voté par 347 voix contre 149, et que c'est précisément parmi ces 149 que s'est recruté le nouveau ministère de combat ?

Ces griefs, vous le comprenez, ne sont pas sérieux. Les vraies causes sont ailleurs.

Je vous ai déjà indiqué la principale : Les partisans des trois monarchies déchues, tous les ennemis de la République étaient déçus et furieux de la voir paisiblement s'enraciner et de voir ainsi périr leurs dernières chances. Quoique profondément divisés et sauf à se déchirer entre eux et à déchirer la France après le succès, ils se sont de nouveau coalisés pour ressaisir le pouvoir. M. le duc de Broglie, M. le vicomte de Meaux, M. de Fourtou semblent considérer qu'il y a péril social du moment où ils ne sont plus ministres. La France est tenue de s'estimer trop heureuse, quand ces nobles personnages et leurs nobles amis lui font l'honneur de la gouverner.

N'est-il pas permis de chercher une autre cause de cette crise dans la résolution que la Chambre des députés a votée le 4 mai pour inviter le Gouvernement à réprimer les manifestations cléricales ? Depuis quelque temps il s'était organisé une sorte de croisade pour protester contre la chûte du pouvoir temporel et faire intervenir notre Gouvernement en faveur de la papauté. L'immense majorité des catholiques français est restée insensible à ces excitations ; elle sait par expérience que jamais la religion n'a été plus libre ; elle sait que la prétendue captivité du Saint-Père n'est qu'une pure invention, que magnifiquement doté et installé dans son palais du Vatican, le Pape y jouit, non-seulement de toute son indépendance spirituelle, mais de priviléges et d'émoluments royaux.

Mais si ces manifestations ultramontaines n'ont aucun écho dans le pays, elles en ont malheureusement au dehors ; elles pouvaient fournir des prétextes de réclamation à une grande nation voisine, l'Italie, dont nous sommes et dont nous entendons rester les amis. Parmi les meneurs de cette campagne antipatriotique, quelques-uns avouent franchement leur désir de nous voir rompre avec nos voisins ; d'autres, il est vrai, s'en défendent ; mais ceux-là sont, ou peu sincères ou très-inconséquents ; car, comment ne pas en arriver forcément à la guerre avec un peuple qu'on injurie et qu'on menace tous les jours ? Or, derrière l'Italie il y a l'Allemagne, son alliée. Vous voyez à quels périls effrayants peut nous entraîner le fanatisme clérical.

C'est ce péril que la Chambre des députés a voulu conjurer. Elle a déclaré qu'elle était résolument pour la paix et qu'elle ne voulait, à aucun prix, entreprendre la guerre pour le Pape. Elle l'a fait, du reste, sans esprit d'hostilité contre les idées religieuses. Elle est si peu l'ennemie de la religion qu'elle a refusé de supprimer le budget des cultes et qu'elle a même augmenté le traitement des curés de campagne.

Mais si la République respecte et protége les ministres du culte, lorsqu'ils se renferment dans leur mission de charité et de paix, elle a le devoir et la volonté de les refréner, lorsque, devenus des agents de discorde et de guerre, ils veulent régenter la société civile, accaparer l'enseignement et compromettre notre sécurité extérieure. Les cléricaux, vous le savez, (et par là j'entends uniquement ceux qui se servent de la religion comme d'un instrument de domination et de gain), les cléricaux se considèrent comme opprimés, dès qu'ils ne peuvent plus opprimer les autres ; et ils ne craignent pas de crier à la persécution au moment même où ils abusent le plus audacieusement de la liberté.

Aussi les voyez-vous applaudir bruyamment à la restauration du gouvernement de combat.

Quelles seront les conséquences de ce coup imprévu ? Vous les ressentez trop pour avoir besoin qu'on vous les décrive. C'est un temps d'arrêt de cinq mois dans le travail national, cinq longs mois d'angoisse, de fièvre, de malaise pour le commerce et l'industrie, et cela, au moment où l'Europe est troublée, au moment où plus que jamais le patriotisme imposait la nécessité d'une politique recueillie et prudente.

Cette grave perturbation a spécialement pour notre région les suites les plus désastreuses. La Chambre allait discuter le budget, concéder les lignes de chemins de fer que nous attendons depuis si longtemps, fixer la situation de notre industrie sucrière, arrêter les tarifs de douanes.

Tout cela est ajourné forcément jusqu'après la chûte du ministère actuel.

On ne peut songer sans une amère tristesse aux souffrances qui vont en résulter pour ce malheureux pays ; mais vous ne vous méprendrez pas sur l'origine de vos maux ; vous saurez faire la part des responsabilités.

Puisse, du moins, cette épreuve ruineuse être abrégée par ceux qui vous l'infligent !

Ils ont coupé la parole au Parlement ; ils vont sans doute le dissoudre, ils comptent reprendre toutes les pratiques de la candidature officielle ; ils font à la France l'injure de croire qu'ils la forceront bien à voter contre son intérêt et sa volonté. Soit, nous ne redoutons rien de tout cela ; mais qu'ils fassent vite.

Nous avons le droit de le réclamer du Président de la République.

A ce propos, permettez-moi de vous rappeler de quel respect scrupuleux la Chambre a constamment entouré M. le maréchal de Mac-Mahon. Nous avons spontanément accru sa dotation ; jamais nous n'avons ni méconnu ni contesté un seul des droits qu'il tient des lois constitutionnelles. C'est de lui seul qu'est venue l'offensive ; car c'est une véritable offensive que d'opposer à la responsabilité de ses ministres une responsabilité contraire à la Constitution et compatible seulement avec le pouvoir personnel ; c'est une véritable offensive que de confier la direction de la République aux ennemis déclarés de ce Gouvernement national.

Mais, je m'arrête ; je ne veux pas oublier, qu'aux termes de la Constitution, c'est aux ministres que nous avons le devoir et aussi le droit de nous en prendre. C'est à eux seuls que s'adressent toutes mes appréciations.

De ceux-là nous pouvons tout attendre, et leur avénement, suivant la forte expression de nos sénateurs, justifie toutes les défiances. Mais que nous importe ? Nous en avons combattu et battu d'autres qu'eux ; si, dans l'intérêt du pays nous déplorons cette lutte, nous ne la redoutons point pour l'avenir de la République. On a eu beau fuir le débat public avec les députés de la France, défendant les droits et les libertés de la nation : on n'arrivera point à étouffer nos voix ; on ne nous empêchera pas de porter la vérité jusque dans les hameaux les plus reculés. Les maires des communes, désormais élus par leurs conseils municipaux, n'ont plus à prendre ni à craindre le mot d'ordre électoral d'un sous-préfet ; et les citoyens français ont payé assez cher, en 1870, leur abdication entre les mains d'un maître, pour ne plus vouloir « du poison assoupissant de la dictature. » Ils ne se laisseront ni duper par la calomnie, ni intimider par la violence, ni exalter par la provocation.

Tôt ou tard, dans cinq mois au plus, la parole devra leur être rendue, et quel que soit l'aristocratique dédain de M. le duc de Broglie pour ce suffrage universel qu'il appelle « le nombre », quand la nation aura prononcé son arrêt souverain, il faudra bien alors que tout le monde, sans exception, s'incline ; il faudra bien que la politique de combat s'avoue vaincue et s'évanouisse pour toujours, laissant désormais la France se gouverner elle-même dans l'ordre, dans la liberté et dans la paix.

Pour moi, mes chers concitoyens, j'attends, j'appelle ce jour avec une pleine confiance ; je suis convaincu qu'il n'aura d'autre résultat pour notre arrondissement de Valenciennes que de vous donner deux députés républicains au lieu d'un.

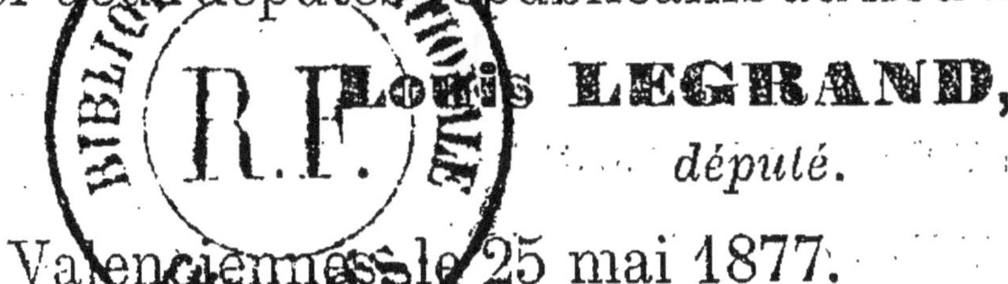

Louis LEGRAND,

député.

Valenciennes, le 25 mai 1877.

Valenciennes.— Imp. Louis HENRY